Dr. Judith Roth

Wie gehen Astronauten aufs Klo?

Das Weltall.
Ein Wissensbuch für Kinder

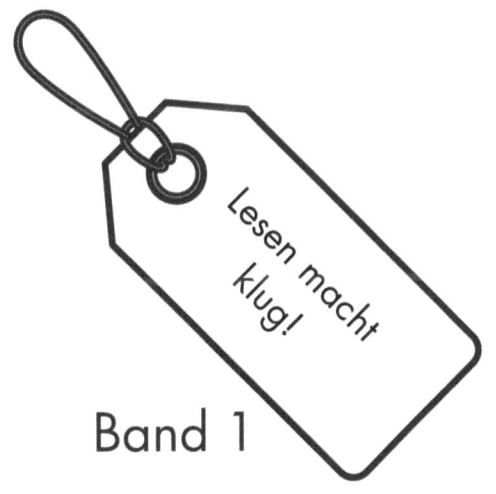

Lesen macht klug!

Band 1

Bibliografische Information der Deutschen Nationalbibliothek: Die Deutsche Nationalbibliothek verzeichnet diese Publikation in der Deutschen Nationalbibliografie; detaillierte bibliografische Daten sind im Internet über dnb.dnb.de abrufbar.

Kontakt:
Dr. Judith Roth
Enge Straße 2b
27572 Bremerhaven
mail@judith-roth.de

Umschlagfoto und Innenseiten
designed mit: ChatGPT / Canva Pro

Verlag:
BoD · Books on Demand GmbH, Überseering 33,
22297 Hamburg, bod@bod.de
Druck:
Libri Plureos GmbH, Friedensallee 273, 22763 Hamburg
ISBN: 978-3-7448-1698-4

Dieses Buch gehört

_____

INHALT

INHALT

HALLO!

Willkommen auf unserer Weltraum-Reise!
Schön, dass du da bist!

Ich bin Judith. Ich habe dieses
Buch für dich geschrieben.
Du findest hier Antworten auf
spannende Fragen rund um
den Weltraum. Viele dieser
Fragen haben Kinder mir
geschickt. Und ich habe sie
beantwortet. Denn ich
schreibe schon seit 2007
Texte für Kinder. Wenn
du auch mal was wissen willst,
kannst du mir eine Mail
(mail@judith-roth.de) schicken. Vielleicht
kommt deine Frage dann in mein nächstes Buch.

Von „Lesen macht klug!" kommen immer wieder neue
Bände heraus. Du darfst dich also auf weitere
spannende Bücher freuen. Und: Hier gibt es nicht nur
kluge Texte, sondern auch jede Menge Rätsel und
Spiele. Mit QR-Codes kommst du zu Fotos und Videos.

Viel Spaß damit!

WIE SIEHT ES IM WELTALL AUS?

Viele Kinder träumen davon, einmal ins All zu fliegen. Doch wie sieht es dort oben eigentlich aus? Was erwartet uns auf dieser Reise?

Der Weltraum beginnt etwa 100 Kilometer über unserem Planeten. Dort endet nach und nach die Luftschicht, die die Erde umgibt. Sobald wir im All ankommen, ist es still um uns. Es gibt nichts zu hören. Denn im Weltraum gibt es keine Luft. Und ohne Luft kann Schall nicht weitertransportiert werden. Insofern ist es sehr ruhig, sobald wir das All erreicht haben.

Schauen wir bei unserer Reise aus dem Fenster unseres Raumschiffs, dann ist es dunkel und wir sehen helle Sternpunkte. Ohne Luft kann das Sonnenlicht nicht gestreut werden. Deswegen ist alles schwarz.

Natürlich treffen wir im All auf zahlreiche Planeten. Fachleute sagen, dass die Planeten wie auch unsere Sonne vor mehr als vier Milliarden Jahren entstanden sind. Die Zahl ist unvorstellbar groß. Es ist eine Vier mit neun Nullen.

Große Wolke

Sonne und Planeten bildeten sich aus einer riesigen Wolke aus Gas und Staub. Die Wolke zog sich zusammen, wurde dabei immer flacher und entwickelte sich so zu einer sich drehenden Scheibe. Staub und Gas ballten sich dabei an einigen Stellen zusammen. In der Mitte bildete sich die Sonne. Um die Sonne herum wurden aus dem Staub und dem Gas die acht Planeten unseres Sonnensystems.

Acht Planeten

Die acht Planeten bewegen sich in unserem Sonnensystem um die Sonne herum.
Das sind - von der Sonne aus aufgezählt - Merkur, Venus, Erde, Mars, Jupiter, Saturn, Uranus und Neptun.

Mehr über die Planeten liest du auf Seite 15!

Raumsonden

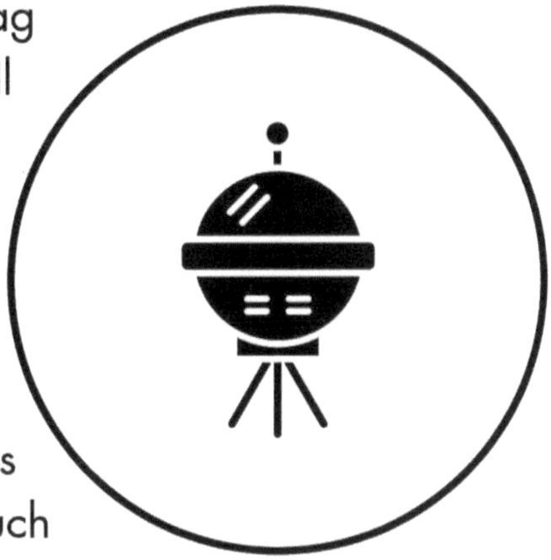

Weltraumforscher arbeiten Tag
für Tag, um mehr über das All
mit seinen Planeten und
Sternen herauszubekommen.
Sie schicken beispielsweise
Raumsonden los, die völlig
automatisch unterwegs sind,
Messungen machen und Fotos
schicken. Daneben fliegen auch
Menschen ins All, um dort zu forschen
und bestimmte Fragen zu beantworten. Juri Gagarin
war der erste Astronaut, der ins All flog. In seiner
Heimat sagen die Menschen aber nicht Astronaut,
sondern Kosmonaut.

QUIZ

Wie viele Planeten hat unser Sonnensystem?

- **A** 10
- **B** 8
- **C** 6

Was können Menschen im All hören?

- **A** Piepen
- **B** Nichts
- **C** Brummen

Richtige Antwort: B 8, B Nichts

WIE MERKEN WIR UNS DIE NAMEN DER PLANETEN?

Acht Planeten bewegen sich in unserem Sonnensystem um die Sonne herum. Wie können wir uns ihre Namen merken?

Die acht Planeten heißen - von der Sonne aus aufgezählt:

Merkur
Venus
Erde
Mars
Jupiter
Saturn
Uranus und
Neptun

Merken kann man sich die Planeten mit diesem Satz:

Mein **V**ater **e**rklärt **m**ir **j**eden **S**onntag **u**nsere **N**achbarplaneten.

Die **Anfangsbuchstaben** der Wörter im Merksatz stimmen mit den ersten Buchstaben der Planeten überein. Pluto gilt nicht mehr als Planet. Im Jahr 2006 wurde entschieden, dass er von nun an zu den Zwergplaneten gezählt wird.

15

Jeder Planet einzigartig

Experten wissen, dass alle Planeten verschieden sind. Menschen könnten nicht auf jedem leben. Die Venus ist unvorstellbar heiß, und es regnet Säure. Jupiter, Saturn, Uranus und Neptun sind zum großen Teil aus Gas. Sie haben keine feste Oberfläche, auf der man gehen kann.

Leben auf dem Mars?

Der Mars dagegen könnte schon eher etwas für den Menschen sein. Doch würden wir dort Raumanzüge benötigen und wegen der anderen Schwerkraft hüpfen wie Kängurus.

Mehr über den Mars liest du auf Seite 85!

Nenne die acht Planeten unseres Sonnensystems:

Erde

SO NUTZT DU
DIE QR-CODES

In diesem Buch findest du QR-Codes. Wenn du sie scannst, kannst du Bilder und Videos anschauen oder etwas spielen. Hier liest du, wie alles funktioniert:

1 Richte deine Handykamera auf den QR-Code im Buch

2 Dein Smartphone fragt, ob du eine Internetseite öffnen willst.

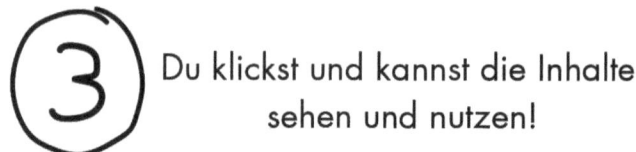

3 Du klickst und kannst die Inhalte sehen und nutzen!

WAS KÖNNEN SATELLITEN?

Wenn wir abends in den Nachthimmel schauen, sehen wir nicht nur Sterne. Auch Satelliten können wir entdecken. Wofür sind sie da?

Wir Menschen schicken die Satelliten ins All, damit sie uns Informationen liefern. Satelliten machen beispielsweise Bilder von der Erde, messen Entfernungen oder beobachten das Wetter.

MERKE!
Satelliten sind Geräte im Weltraum, die unterschiedliche Aufgaben haben. Wir Menschen setzen sie aus.

Sie können uns Menschen auch Fernsehen und Internet bringen. Andere Satelliten liefern Navigationsgeräten Daten. Dafür sendet ein solcher Satellit durchgängig Signale aus. Das Navi im Auto empfängt diese Signale.

Starlink Satelliten

Manchmal sehen wir am Nachthimmel mehrere Satelliten in einer Reihe. Das sind die sogenannten Starlink Satelliten. Elon Musk schickt sie mit seiner Firma SpaceX los. Es ist ein Raumfahrtunternehmen.

Internet für alle

Der Geschäftsmann ist sehr bekannt. Er möchte mit den Starlink Satelliten Internet auch an seltene Orte der Erde bringen. Nach ihrem Start fliegen die Satelliten erst einmal in einer Kette nebeneinander. Danach verteilen sie sich auf ihre Umlaufbahnen - das heißt, sie nehmen den Ort ein, an dem sie arbeiten sollen.

Wann wir die Satelliten sehen

Sichtbar werden die Starlink Satelliten für uns, wenn wir selbst an einem dunklen Ort sind. Die Satelliten müssen daneben noch von der untergehenden Sonne angestrahlt werden. Außerdem braucht es einen wolkenfreien Himmel und klare Sicht.

Wer die Starlink Satelliten am Himmel entdecken möchte, kann zuvor im Internet schauen, wo sie sind und wie sie sich vorwärts bewegen. Scanne dafür mit deinem Handy diesen Code.

Finde den Fehler!

Diese zwei Bilder sind nicht genau gleich.
Entdeckst du fünf Unterschiede? Kreise sie ein. Die
Lösung findest du auf der nächsten Seite.

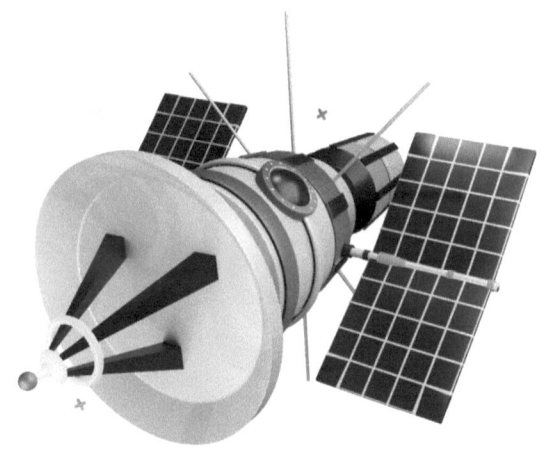

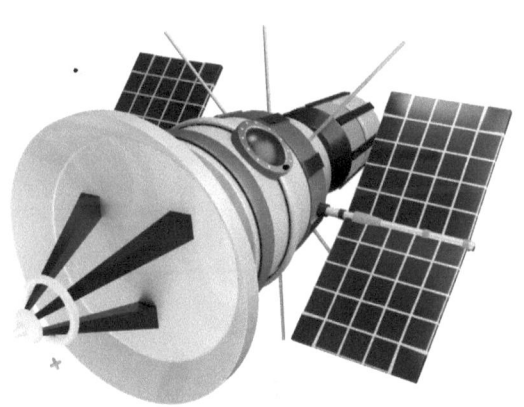

LÖSUNG

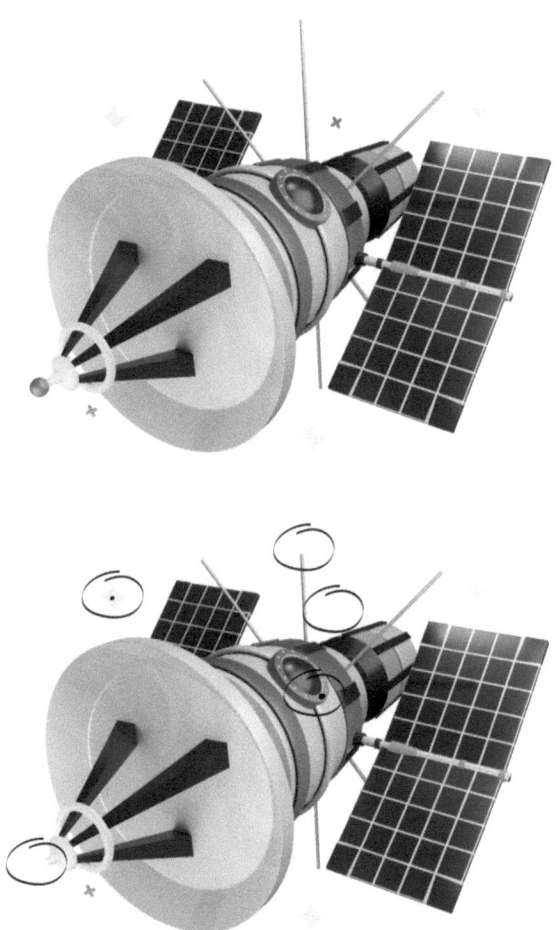

Vervollständige
diesen Satz:

Sa_e_li_e_ b_i_ _en u_s _n_e_ne_.

Kannst du das Bild vervollständigen?

WIE GROSS IST DIE MILCHSTRASSE?

Forscher interessieren sich sehr für die Milchstraße, denn wir leben in ihr. Wie sieht sie aus?

Die Milchstraße besteht aus vielen Sternen und Planeten - die Erde gehört dazu. Wir können mit bloßem Auge nur einen Teil der Milchstraße sehen, als milchig-weiße Bahn am Nachthimmel. Wegen ihres Aussehens haben sich die Menschen den Namen ausgedacht.

Die Milchstraße ist so groß, dass Forscher eine besondere Maßeinheit brauchen. Sie zählen nicht in Metern oder Kilometern, sondern in Lichtjahren.

Ein Lichtjahr ist die Strecke, die das Licht in einem Jahr auf direktem Weg zurücklegt.

Wenn wir eine Lampe anknipsen, merken wir nicht, dass das Licht Zeit braucht, bis es zu uns gelangt. Vom Mond bis zur Erde beispielsweise ist das Licht länger unterwegs. Es dauert über eine Sekunde, bis es bei uns ankommt.

Für den Weg quer durch die Milchstraße braucht das Licht noch länger. Forscher sagen, dass die Galaxis im Durchmesser 100.000 Lichtjahre groß ist. Das Licht braucht also 100.000 Jahre, um sie zu durchqueren. Unser Planet liegt in der Milchstraße etwas abseits. Von der Mitte der Galaxis ist er rund 26.000 Lichtjahre entfernt.

Scanne den Code
und mache eine
Reise durchs Universum!

WIE KALT IST DAS WELTALL?

Auf der Erde messen wir jeden Tag die Temperatur. Mal ist es sehr heiß, mal auch bitterkalt. Doch wie ist das eigentlich im Weltraum? Wie viel Grad herrschen dort?

Der Weltraum beginnt etwa 100 Kilometer über unserem Planeten. Forscher sagen, wenn es eine Fliege ins Universum schaffen würde, so wäre sie extremsten Bedingungen ausgesetzt. Fliegt sie der Sonne entgegen, würde ihr Kopf rauchen und ihr Po würde einfrieren. Genauso erleben es Astronauten in ihren Schutzanzügen.

C   F

50   120

40   100

30   80

20   60

10   40

Heiß und kalt

Die Temperatur auf der Seite des Raumanzugs, die der Sonne zugewandt ist, beträgt weit über 100 Grad Celsius. Der Bereich des Raumanzugs, der sich im Schatten befindet, kommt auf deutlich unter minus 100 Grad Celsius. Der Anzug schützt die Männer und Frauen vor diesen Extremen, sonst könnten sie nicht überleben.

Künstliche Temperatur

In der Regel ist es im Weltraum mit etwa minus 270 Grad bitterkalt. Das Erstaunliche aber: Der kälteste Ort ist nicht in großer Entfernung im Universum zu suchen. Wir Menschen können noch viel tiefere Temperaturen herstellen - und zwar künstlich.

Bremer Fallturm

Im Bremer Fallturm wurde 2018 für zwei Sekunden ein Ort hergestellt, an dem es 38 Pikokelvin kalt war. Mit unseren normalen Thermometern lässt sich das nicht erfassen.

Scanne den Code und schau dir den Bremer Fallturm an.

WELCHES WORT
IST GESUCHT?

Ein Wort kann zwei Bedeutungen haben…

Planet   Schokoriegel

Brotstück   Fensterglas

Licht   Frucht

Richtige Antworten: Mars, Scheibe, Birne

Wortschlange!

Findest du das hier versteckte Wort?
Du kannst waagrecht ← →
oder senkrecht ↕ laufen.
Der erste Buchstabe
ist markiert.

A	U	T
N	K	O
O	M	S

E	D	M
A	R	I
I	L	L

Schreibe hier eine kurze Geschichte
über das Weltall. Nimm drei Dinge
mit auf, für die du in deinem
Leben dankbar bist.

WIE ENTSTEHT DER SCHROTT IM WELTRAUM?

Auf der Erde machen wir viel Müll. So ähnlich ist es im All. Dort gibt es jede Menge Weltraumschrott. Wie aber entsteht er?

Rund um die Erde finden wir viele Teile - größere und kleinere. Es handelt sich zum Beispiel um alte Satelliten, ausgebrannte Raketenantriebe oder verlorene Werkzeuge von Astronauten.

Satelliten werden von uns Menschen im All ausgesetzt, damit sie uns Informationen liefern. Sie machen beispielsweise Bilder von der Erde oder beobachten das Wetter. Es kann passieren, dass Satelliten zusammenprallen. Oder aber sie sind defekt und haben ausgedient. So kann Weltraummüll entstehen.

Eine Gefahr

Das Problem: Wenn der Weltraummüll immer mehr wird, kann er gefährlich werden. Zwar wird die Gefahr noch als nicht allzu hoch eingeschätzt. Doch es kann vorkommen, dass Unfälle passieren. So prallte 2009 der aktive amerikanische Satellit Iridium 33 mit dem abgeschalteten russischen Satelliten Cosmos 2251 zusammen. Tausende neue Trümmerteile entstanden. Auch für die Internationale Raumstation (abgekürzt: ISS) kann der Weltraummüll gefährlich werden. Droht Gefahr, so müssen Ausweichmanöver gefahren werden. Die Raumstation kreist in rund 400 Kilometern Entfernung um die Erde. Astronauten leben und arbeiten dort, um mehr über das All und unseren Planeten herauszukriegen.

Achtsamer sein

Und was können wir gegen den Weltraummüll tun? Fachleute sagen: Am besten wäre, wenn erst gar kein Schrott entstehen würde. So sollen Raumfahrzeuge zum Beispiel nicht mehr im All zerstört werden. Auch sollen im Weltall nicht mehr einfach so Teile freigesetzt werden, wenn es nicht nötig ist. Es ist wie auf der Erde. Es geht darum, achtsamer mit allem umzugehen.

SCAN ME

Säubere das Weltall mit Paxi!

Was kann zu Weltraumschrott werden?

Richtige Antwort: Satellit, Werkzeug, Raketenteile

Labyrinth

Bringe den Astronauten zum Mond.

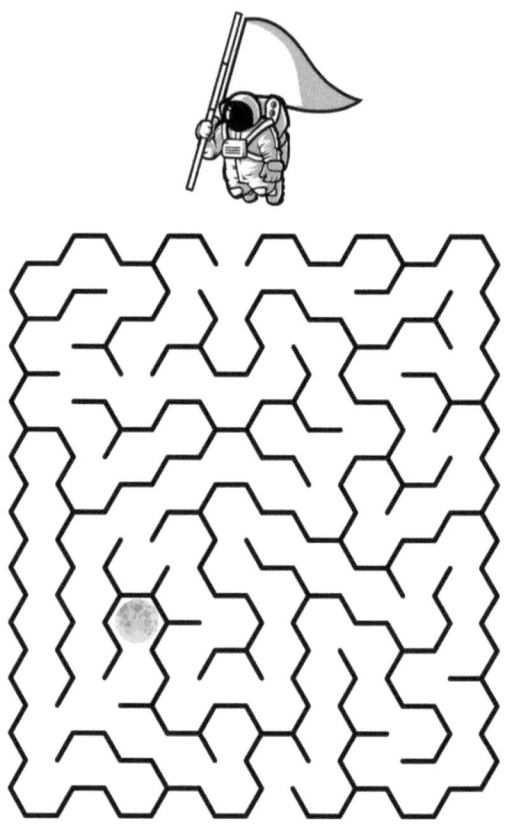

WIE FUNKTIONIERT EIN RAUMANZUG?

Auf Fotos sehen wir Astronauten oft in ihrem weißen Raumanzug. Wie funktioniert der?

Wenn Astronauten in ihren Raumanzug schlüpfen, dann wollen sie die Internationale Raumstation (abgekürzt: ISS) verlassen. Die kreist in rund 400 Kilometern Entfernung um die Erde. Astronauten leben jeweils mehrere Monate dort, um zu forschen.

Ohne den Anzug können Astronauten außerhalb der ISS nicht überleben. Er muss die Männer und Frauen zum Beispiel vor Strahlung schützen, wenn sie an der ISS Reparaturen vornehmen. Aber auch winzige Teilchen könnten die Astronauten treffen. Und auch Kälte und Hitze muss der Raumanzug abhalten.

Die Temperaturen bei einem Weltraumspaziergang reichen von weit unter minus 100 Grad Celsius bis über plus 100 Grad Celsius. Das ist dann ähnlich heiß wie in unserem Ofen in der Küche, wenn wir Kuchen backen.

Mikros und Kopfhörer

Der Raumanzug ist luftdicht gebaut. Der Helm ist so gearbeitet, dass die Astronauten sicher sind. Damit er nicht kaputt geht, gibt es vor dem Gesicht zwei Scheiben. Außerdem können die Männer und Frauen verschiedene Blenden über das Visier schieben, falls die Sonne sie anstrahlt. Die Astronauten haben Mikrofone und Kopfhörer im Helm, damit sie sich untereinander austauschen und auch Kontakt zur Erde aufnehmen können.

Das steckt im Rucksack

Damit der Raumanzug funktioniert, braucht er Energie. Deswegen hat der Astronaut hinten am Rücken einen Rucksack auf. Dort stecken Batterien, Filter, Pumpen und Funkgeräte drin. Außerdem sind dort Raketen, falls die Astronauten im Notfall zur ISS zurückfliegen müssen.

Mit Streifen

Die Raumanzüge sind farblich am Bein mit Streifen gekennzeichnet. So sollen die Männer und Frauen bei ihren Arbeiten an der Station auseinandergehalten werden können.

Schau dir Bilder von Weltraumspaziergängen an.

Wovor schützt der Raumanzug?

- **A** Strahlung
- **B** Kalorien
- **C** Allergien

Was haben Astronauten am Helm?

- **A** Kaugummi
- **B** Gummibärchen
- **C** Mikrofon

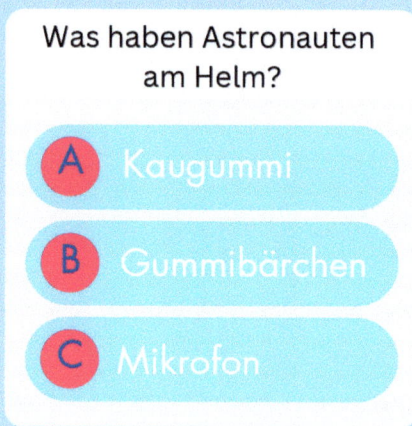

Richtige Antwort: A Strahlung, C Mikrofon

Finde den Fehler!

Diese zwei Bilder sind nicht genau gleich.
Entdeckst du fünf Unterschiede? Kreise sie ein.
Die Lösung findest du auf der nächsten Seite.

LÖSUNG

WIE GEHEN ASTRONAUTEN AUFS KLO?

Jeder von uns muss mal aufs Klo. Astronauten geht es nicht anders. Auch sie müssen Pipi machen. Wie aber funktioniert das im All?

Bevor Astronauten ins All fliegen, müssen sie sich gut vorbereiten. Denn im Weltraum ist nichts so wie auf der Erde. In der Internationalen Raumstation (abgekürzt: ISS), in der die Astronauten einige Monate leben, gibt es kein Oben und kein Unten. Alles schwebt umher. Eine Schraube herauszudrehen, wird dann schon zum Problem.

In der Schwerelosigkeit

Im Weltraum erleben die Astronauten Schwerelosigkeit. Während wir auf der Erde immer zum Boden hin gezogen werden, ist das im All nicht so. Das sorgt dafür, dass für Astronauten vieles anders ist und sie vor allem auch gut aufpassen müssen. Entwischt ihnen beispielsweise einer ihrer Schuhe, dann müssen sie hinterher hechten. Er fällt nicht runter auf den Boden und bleibt dort liegen - so wie bei uns auf der Erde. Er schwebt in der ISS umher.

Alles wird abgesaugt

Weil das so ist, ist auch der Toilettengang nicht so einfach wie bei uns auf der Erde. Die Astronauten müssen sich zunächst mal am Klo festschnallen, damit sie nicht immer wieder abheben. Wer ein großes Geschäft machen muss, der muss ein Loch treffen. Von dort aus wird alles abgesaugt - wie bei einem Staubsauger. Wer mal Pipi muss, der benutzt einen Schlauch. So wird die Flüssigkeit ebenfalls entsorgt. Die Astronauten üben vor ihrem Flug zur ISS, wie es ist, im All aufs Klo zu gehen.

Vervollständige
diesen Satz:

_m W_l_r_u_ h_r_sc_t Sc_ _e_el_si_ke_t.

Kannst du das Bild vervollständigen?

WIE WASCHEN SICH ASTRONAUTEN DIE HAARE?

Viele Menschen waschen sich morgens die Haare. Wasser und Shampoo und schon duftet alles wieder gut. Doch wie ist das eigentlich im Weltall?

Die Astronauten im Weltall haben es nicht so leicht wie wir auf der Erde beim Haarewaschen.

Denn Wasser würde bei ihnen unter der Dusche nicht von oben nach unten prasseln. Es fliegt einfach in vielen kleinen Blasen umher. Das liegt an der fehlenden Schwerkraft im All. Für die Männer und Frauen funktioniert deswegen vieles anders als bei uns auf der Erde, auch das Haarewaschen.

Beutel mit Wasser

Im Internet zeigt eine Astronautin in einem Video, wie es im All mit dem Haarewaschen läuft. Sie hat einen Beutel mit warmem Wasser, etwas Shampoo, ein Handtuch und einen Kamm. Zunächst einmal liegen ihre langen Haare nicht an ihrem Kopf an. Sie schweben wild umher.

Fliegende Wasserbläschen

Die Astronautin nutzt zunächst das Wasser, so wie wir es auf der Erde auch machen würden. Sie gibt es auf ihren Kopf. Allerdings kommt das Wasser gar nicht so leicht ins Haar. Zu sehen sind kleine Wasserbläschen, die wegfliegen und die die Astronautin mit den Händen einfängt. Dann massiert sie das Wasser in ihr Haar ein. Sie streicht das Wasser vom Kopf bis zu den Haarspitzen. Danach macht sie dasselbe mit dem Shampoo. Die Astronautin reibt dann mit dem Handtuch über die Haare, um sie besser reinigen zu können. Schließlich arbeitet sie noch einmal neues Wasser ein.

Ohne Fön

Während viele Menschen auf der Erde danach zum Fön greifen, ist das im All in der Internationalen Raumstation nicht nötig. Das Haar trocknet dort schnell von allein aufgrund der dortigen Lüftungssysteme. In der Raumstation leben Astronauten immer mehrere Monate lang, bevor sie auf die Erde zurückkehren. Sie machen dort Experimente.

Schau hier, wie NASA-Astronautin Karen Nyberg sich die Haare wäscht.

Wortschlange!

Findest du das hier versteckte Wort?
Du kannst waagrecht ← →
oder senkrecht ↕ laufen.
Der erste Buchstabe
ist markiert.

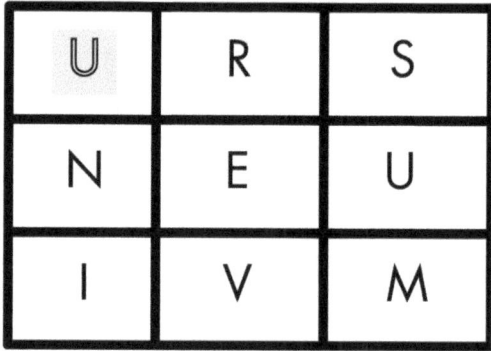

U	R	S
N	E	U
I	V	M

E	M	U
D	S	A
N	O	R

WIE ENTSTEHEN EIGENTLICH STERNE?

Schauen wir nachts in den Himmel, können wir sie entdecken: Sterne. Wie aber entstehen die eigentlich?

Die Sterne am Nachthimmel wirken für uns winzig klein. Doch in Wirklichkeit sind sie das gar nicht. Sie sind um ein Vielfaches größer als unsere Erde.

Sterne sind Kugeln, die aus Gas bestehen. Das Gas glüht und leuchtet, weil es im Inneren der Kugeln unvorstellbar heiß ist. Das Licht der Sterne ist so hell, dass wir es auf der Erde wahrnehmen können. Dabei sind sie viele Billionen Kilometer entfernt.

Wissenschaftler interessieren sich dafür, wie Sterne entstehen. Sie schauen sich dafür Nebel im Weltall an. Denn hier ist der Geburtsort der Sterne. In solchen Nebeln gibt es dichte Wolken aus Staub und insbesondere aus dem Gas Wasserstoff. Das ist der Stoff, aus dem die Sterne bestehen.

Millionen Jahre

Aus diesen Gaswolken entstehen die Sterne. Das dauert viele Millionen Jahre. Experten sagen: In der Gaswolke wirkt Schwerkraft auf die Gasteilchen. Deswegen ziehen sie sich gegenseitig an. Aus dem Nebel wird so nach und nach eine Kugel, die immer kleiner wird. Sie verdichtet sich. Schwerkraft kennen wir auch auf der Erde. Sie bewirkt, dass wir auf dem Boden stehen bleiben oder ein Stift dort liegen bleibt, wenn er herunterfällt.

Die Geburt

Die Kugel beginnt irgendwann zu leuchten, denn die Gasteilchen im Inneren der Wolke werden immer mehr zusammengequetscht. Mit dem Druck wird es immer heißer in der Kugel. Wasserstoff-Atome beginnen daraufhin damit, miteinander zu verschmelzen. Dies setzt so viel Energie frei, dass der Stern zu leuchten beginnt. Wir auf der Erde können das später sehen, wenn die Bedingungen dafür passen.

WAS IST EIN SCHWARZES LOCH?

Im Weltall gibt es
jede Menge Planeten.
Doch Forscher
interessieren sich
nicht nur für sie.
Sie wollen auch
so viel wie möglich
über Schwarze Löcher
wissen.

Schwarze Löcher heißen so,
weil alles verschwindet,
was in ihre Nähe kommt.
Es handelt sich um Reste von großen
Sternen.

Ein Schwarzes Loch hat eine so hohe Anziehungskraft,
dass selbst das Licht nicht entfliehen kann. Schwarze
Löcher sind somit praktisch unsichtbar.

Alles wird verschluckt

Wir müssen uns ein Schwarzes Loch im All aber nicht vorstellen wie ein Loch. Bei einem Loch in der Hosentasche zum Beispiel fällt alles hindurch. Bei einem Schwarzen Loch im All ist das nicht so. Sterne, Planeten, alles, was hineinstürzt, wird ein Teil des Himmelskörpers in der Mitte des Schwarzen Lochs. Nichts kommt mehr heraus.

Schlecht beobachtbar

Forscher können die Schwarzen Löcher nur ganz schlecht beobachten. Eigentlich machen sie sich nur bemerkbar, wenn sie gerade etwas fressen - also zum Beispiel andere Himmelskörper. Diese Materie heizt sich zuvor stark auf und strahlt dann.

Schau dir im Video das erste Bild von einem Schwarzen Loch an.

Stadt, Land, All

Schnapp dir Zettel und Stift und spiele mit einem Freund Stadt, Land, All.
Dafür spricht einer von euch solange leise das Alphabet, bis der andere STOPP
sagt. Ihr nehmt den Buchstaben, der dann gerade dran ist und füllt ganz
schnell die Tabelle aus. Wer als Erster fertig ist, stoppt das Spiel.
Dann vergleicht ihr. Für denselben Begriff gibt es einen Punkt.
Für unterschiedliche Begriffe sind es für jeden zwei Punkte.
Wer allein einen Begriff gefunden hat, bekommt drei Punkte.
Zum Schluss rechnet ihr alle Punkte zusammen und ermittelt den Gewinner.

Stadt	Land	All	Tier	Pflanze	Obst	Promi

Das All von A-Z!

Du weißt nicht für jeden Buchstaben einen All-Begriff?
Kein Problem:

Astronaut

Brauner Zwerg

Cassini

Doppelstern

Erde

Finsternis

Galaxie

Halbschatten intergalaktisch

Jupiter

Komet

Mars

Lichtjahr

Orionnebel Neptun

Planet Quadrant

X

y

Raumsonde Saturn

Teleskop Uranus

Zenit

Venus Wasserstoff

WAS IST EIN SONNENSTURM?

Für Forscher sind sie richtig spannend: Sonnenstürme. Sie warnen uns, wenn sie auf die Erde zurasen. Warum?

Auf der Sonne kann es Explosionen geben. So etwas ist nicht ungewöhnlich. Bei so einem Ausbruch werden geladene Teilchen in den Weltraum geschleudert. Diese können sich blitzschnell fortbewegen. Sie rasen durchs Universum.

Die Sonne sorgt Tag für Tag dafür, dass wir Licht haben und es warm ist. Pflanzen, Tiere und Menschen können nicht ohne sie auskommen. Wir auf der Erde brauchen die Sonne, um leben zu können. Auf der Sonne selbst herrschen unvorstellbar heiße Temperaturen.

Fachleute beobachten das. Sie informieren uns dann, wenn ein heftiger Sonnensturm unterwegs ist. Für Menschen ist der Sonnensturm keine direkte Gefahr. Er kann aber bei uns einiges anrichten.

Gefahr für Technik

Solche Sonnenstürme können dafür sorgen, dass bei uns auf der Erde Einiges durcheinandergerät. Möglich ist es zum Beispiel, dass plötzlich kein Strom mehr aus der Steckdose kommt oder Satelliten nicht mehr richtig arbeiten. Die Geräte sind im Weltall und sorgen dafür, dass wir fernsehen oder mit dem Handy telefonieren können. Sie helfen auch, dass uns im Auto der Weg angesagt wird. Außerdem können Sonnenstürme Flugzeugen Schwierigkeiten machen. Deswegen wird auch vor ihnen gewarnt.

Scanne den Code und schaue dir die Oberfläche der Sonne an.

Male ein lustiges Bild und lasse dies drin vorkommen:

Welcher Alien
ist wo zu Hause?

Ausmalbild

Worträtsel

A	R	A	K	E	T	E	T	V	S	F
Y	O	L	M	T	O	F	Y	Q	T	T
G	W	E	R	K	Z	E	U	G	E	A
A	V	J	T	O	K	A	B	G	R	H
S	A	E	V	S	A	N	U	W	N	J
T	W	B	Ü	M	E	S	E	E	L	J
R	S	V	R	V	N	I	U	L	S	W
O	M	D	L	W	R	B	W	T	U	G
N	G	J	C	O	H	G	R	A	N	P
A	P	H	F	E	V	V	F	L	L	X
U	T	E	R	N	K	K	F	L	T	N
T	I	C	F	Q	R	G	N	S	E	V

Nach diesen Begriffen kannst du suchen:

 Weltall

 Werkzeug

 Astronaut

4 Rakete

5 Stern

WAS GENAU WAR „SPUTNIK"?

An den 4. Oktober 1957 können sich viele Menschen noch erinnern. An dem Tag flog „Sputnik" ins All. Was war das?

Damals war es den Menschen das erste Mal gelungen, einen Satelliten ins All zu schießen. Heute gibt es die Fluggeräte dort zuhauf. Wir Menschen setzen sie aus. Die Satelliten liefern uns auf der Erde Informationen. Sie knipsen Bilder von oben oder sorgen dafür, dass wir im Auto den Weg angesagt bekommen. Regelmäßig werden neue Satelliten ins All geschossen.

„Sputnik 1" wurde von dem Land Sowjetunion losgeschickt. Den Staat gibt es heute nicht mehr. Er löste mit dem Satelliten im Westen einen Schock aus. Der Start von „Sputnik 1" machte den Menschen Angst.

Denn wer einen Satelliten ins All schicken kann, der kann womöglich auch sehr weitfliegende Raketen mit gefährlichen Waffen starten, so die Vermutung.

Wettlauf

Damals verstanden sich die USA und die Sowjetunion nicht gut. Es begann ein Wettlauf um den Mond. Den gewannen die Amerikaner, als sie am 21. Juli 1969 Neil Armstrong und Buzz Aldrin auf dem Himmelskörper umherlaufen ließen.

Mehr über den Besuch auf dem Mond liest du auf Seite 73.

Zuvor hatte die Sowjetunion in der Raumfahrt allerdings weiter die Nase vorn. Sie schickte nach „Sputnik 1" das erste Lebewesen ins All. Es war die Hündin Laika, die den Flug nicht überlebte. Danach folgte der erste Mensch. Er hieß Juri Gagarin. Auch andere Rekorde verbuchte das Land für sich.

Die Sowjetunion gibt es nicht mehr. In ihr waren bis 1991 viele Staaten in Osteuropa und Asien zusammengeschlossen. Russland war das größte Land, aber auch Usbekistan, Kirgisistan oder Tadschikistan gehörten dazu. Die russische Hauptstadt Moskau zählte als Hauptstadt für die gesamte Sowjetunion. 1991 wurde die Sowjetunion aufgelöst.

Scanne den Code und schau dir ein Bild von „Sputnik 1" an.

„Sputnik 1" war übrigens für die Menschen auf der Erde zu hören. Selbst Funkamateure konnten das „Piep, piep" einfangen. Es piepte solange, bis die Batterien leer waren. Dann flog der Satellit stumm weiter, bis er im Januar 1958 in der Erdatmosphäre verglühte.

In welchem Jahr flog „Sputnik 1" ins All?

O 1957
O 1949
O 1975

Was gehört zusammen?

WAS IST EIN KOSMONAUT?

Wer als Raumfahrer ins Weltall fliegt, ist ein Astronaut. Oder doch ein Kosmonaut? Auch von Taikonauten ist gelegentlich die Rede. Was ist da der Unterschied?

Das Wort Kosmonaut kommt aus dem Griechischen. Es setzt sich aus Kosmos und Naut zusammen. Das bedeutet übersetzt Weltall und Seefahrer.

Auch der Name Astronaut hat griechische Wurzeln. Das Wort bedeutet übersetzt Stern und Seefahrer. Die Vorsilbe Astro steht für Stern, der zweite Teil ist dasselbe Wort wie in Kosmonaut. Ein Astronaut ist also zu den Sternen unterwegs. Sein Ziel ist ein Himmelskörper, nicht einfach nur der Weltraum.

Die beiden Bezeichnungen werden in unterschiedlichen Ländern benutzt. Kosmonauten heißen die Menschen, die ins All fliegen, vor allem in Russland. Der Name Astronaut ist in Westeuropa und Nordamerika verbreitet.

Bei Chinesen, die ins All fliegen, wird gern das Wort Taikonaut genutzt. Darin wird das chinesische Wort für Weltraum mit den griechischen Seefahrern verknüpft. Die chinesische Raumfahrtagentur spricht in ihren englischen Texten selbst meist von Astronauten. Der Begriff Taikonaut ist keine offizielle Bezeichnung.

Raumfahrer welchen Landes werden Taikonauten genannt?

O USA
O Russland
O China

Richtige Antwort: China

Hilf dem Astronauten, den Weg zum Planeten zu finden

Verbinde, was zusammengehört:

Finde den Fehler!

Diese zwei Bilder sind nicht genau gleich. Entdeckst du fünf Unterschiede? Kreise sie ein. Die Lösung findest du auf der nächsten Seite.

LÖSUNG

WER WAR DER ERSTE MENSCH AUF DEM MOND?

Viele Forscher träumen davon, zum Mond zu fliegen. Doch welches Land war dort zuerst?

Neil Armstrong war der erste Mensch auf dem Mond. Er hat sein Land sehr stolz gemacht. Denn am 21. Juli 1969 gelang den USA mit ihm etwas, was noch nie zuvor ein Staat geschafft hatte. Menschen spazierten auf dem Mond entlang. Neil Armstrong kletterte um 3:56 Uhr deutscher Zeit aus seiner Mondlandefähre „Eagle" (auf Deutsch: „Adler") eine Leiter hinunter und ging auf dem Mond auf und ab. Noch heute erinnern sich die Menschen an diese Bilder.

SCAN ME

Scanne den Code und schau dir den Mondspaziergang an.

Neil Armstrong trug einen dicken weißen Raumanzug und einen großen Helm. In einem Rucksack auf seinem Rücken steckte ein Sauerstoffgerät, ohne das Menschen auf dem Mond nicht atmen können.

Wichtiger Satz

Neil Armstrong war am 21. Juli 1969 etwa 380.000 Kilometer von der Erde weg. Trotzdem schauten ihm Hunderte Millionen Menschen zu. Sie sahen im Fernsehen, was der Astronaut auf dem Mond machte. So hörten die Menschen auch den Satz, den Neil Armstrong damals sagte und der nie vergessen wurde. Er lautete: „Das ist ein kleiner Schritt für einen Menschen - aber ein großer Sprung für die Menschheit!"

Amerikanische Flagge

Außer Neil Armstrong ging am 21. Juli 1969 noch ein weiterer Astronaut auf dem Mond spazieren. Es war Buzz Aldrin. Die beiden Astronauten ließen eine amerikanische Flagge auf dem Mond zurück. Außerdem machten sie Fotos und nahmen Proben mit. Das Raumschiff „Columbia" brachte die Astronauten sicher zur Erde zurück. An Bord war auch Michael Collins. Der Mondspaziergang selbst dauerte nur etwa zweieinhalb Stunden, die gesamte Reise aber acht Tage.

Flaggensuche

Suche die Flagge der USA. Wenn du sie gefunden hast, kreise sie ein.

LÖSUNG

WORAUS BESTEHEN DIE SATURN-RINGE?

Wenn wir durch ein Teleskop
schauen, können wir andere
Planeten sehen. Einer ist
besonders interessant.
Es ist der Saturn mit
seinen Ringen.
Woraus bestehen die?

Der Saturn ist ein Planet in unserem Sonnensystem.
Schauen wir von der Sonne aus, dann ist er der sechste
von insgesamt acht Planeten. Er befindet sich zwischen
dem Jupiter und dem Uranus. Saturn ist ein Gasplanet.
Das bedeutet, dass er nur einen kleinen harten Kern hat,
ansonsten besteht er vor allem aus den Gasen
Wasserstoff und Helium. Forscher wissen, dass der
Saturn Ringe und über 140 Monde hat.

Ringplanet

Die Ringe sehen für uns stabil aus, wenn wir durchs Teleskop schauen. So ähnlich wie ein Band, das sich um den Himmelskörper spannt. Doch Forscher haben herausgefunden: Die Ringe bestehen aus Milliarden Staubkörnern, Eis und Gesteinsbrocken. Sie kreisen um den Saturn herum. Wegen seiner Ringe wird der Saturn auch Ringplanet genannt. Benannt ist der Planet daneben nach dem römischen Gott des Reichtums und der Ernte.

Ringe verschwinden

Forscher der NASA haben sich mit dem Saturn und seinen Ringen ausgiebig beschäftigt. Sie vermuten, dass der Planet in ferner Zukunft ohne Ringe daherkommen wird. Die Eisteilchen der Ringe werden von der Schwerkraft des Planeten abgesaugt, heißt es. Sie regnen quasi auf den Saturn hinab. In rund 100 Millionen Jahren könnten die Ringe deswegen verschwunden sein.

Weltraumbehörde

Die NASA ist die Weltraumbehörde der USA. Sie hat ihre Büros in Washington. Die NASA-Leute sagen von sich, dass sie unseren Planeten verstehen und schützen und zudem das Universum erforschen wollen. Sie suchen nach Leben.

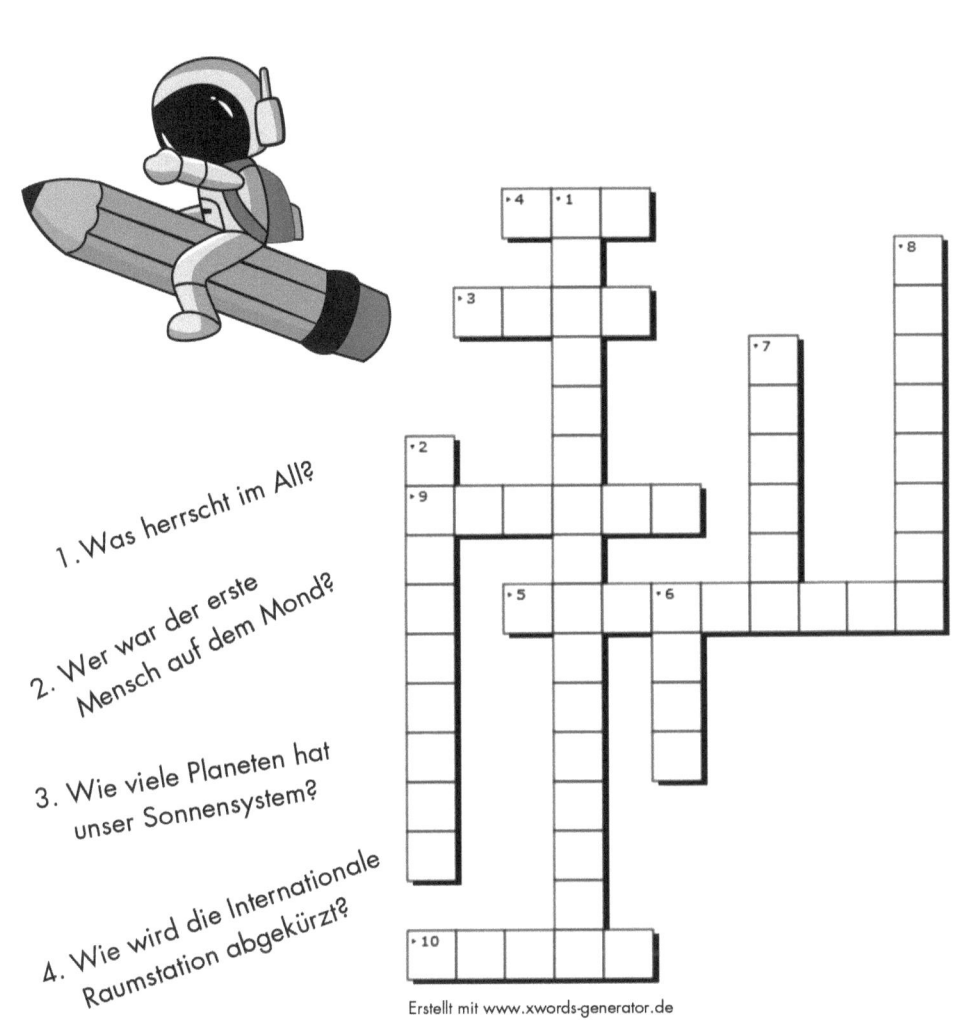

1. Was herrscht im All?

2. Wer war der erste Mensch auf dem Mond?

3. Wie viele Planeten hat unser Sonnensystem?

4. Wie wird die Internationale Raumstation abgekürzt?

5. Wie wird ein russischer Astronaut genannt?

6. Welcher Planet wird Roter Planet genannt?

7. Welcher Planet hat Ringe?

8. Was war Sputnik?

9. Was kann zu Weltraumschrott werden?

10. Welcher Planet gilt als Zwergplanet?

Auflösung auf der nächsten Seite

Erstellt mit www.xwords-generator.de

I S S

A C H T

R A K E T E

K O S M O N A U T

P L U T O

WAS IST EINE TRÄGERRAKETE?

Soll ein Raumschiff ins All geschossen werden, dann wird dafür eine Trägerrakete genutzt. Wie funktioniert sie?

Trägerraketen brauchen einen mächtigen Antrieb. Sie müssen stärker sein als die Schwerkraft, denn sonst würde die Rakete wieder zur Erde zurückgezogen werden.

Um durch die Erdatmosphäre hindurch zu fliegen und ins All zu gelangen, muss die Rakete eine Geschwindigkeit von mindestens 28.000 Kilometern pro Stunde erreichen. Trägerraketen schaffen dies.

Den Raketenantrieb können wir uns vorstellen wie einen aufgeblasenen Luftballon, der nicht zugeknotet und dann losgelassen wird. Die Luft entweicht, und der Ballon fliegt auf und davon. Ein Raketenantrieb allerdings setzt viel mehr Kraft frei, als es ein Luftballon kann.

Stufenweise

Damit die Rakete diese Kraft entwickeln kann, hat sie Treibstoff an Bord. Der steckt in mehreren Tanks. Das Gas wird stufenweise gezündet: Ist der Treibstoff aus der ersten Stufe verbraucht, wirft die Rakete diese Bauteile ab. Danach wird die zweite Stufe gezündet. Bei großen Trägerraketen sind an der ersten Stufe oft noch weitere Trägerraketen befestigt, um den Antrieb zu verstärken.

Die abgeworfenen Teile fallen zurück auf die Erde und landen im Meer, oder sie verglühen in der Atmosphäre.

Scanne den Code und schaue dir einen Raketenstart an.

Verbinde, was zusammengehört:

Finde die richtige Stelle!

Weißt du, wo die Quadrate im großen Bild hingehören?
Zeichne jeweils eine Linie zur richtigen Stelle.

WARUM WAREN WIR NOCH NICHT AUF DEM MARS?

Menschen waren zwar schon auf dem Mond, nicht aber auf dem Mars. Die Reise dorthin ist schwierig. Warum?

Der Mars ist etwa halb so groß wie die Erde. Auf dem Planeten gibt es viel Eisen. Deswegen schimmert er rot. Der Mars hat daher auch den Namen Roter Planet.

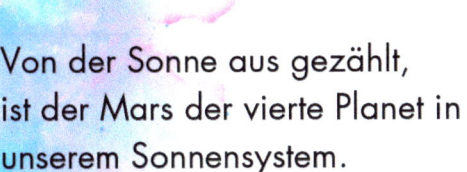

Von der Sonne aus gezählt, ist der Mars der vierte Planet in unserem Sonnensystem.

Den Mars zu erreichen, ist sehr schwierig. Er ist weit von der Erde entfernt. Bisher sind nur Raumsonden dorthin gereist. Sie fliegen automatisch. Menschen sind dabei nicht an Bord. Um zum Mars zu gelangen, braucht es etwa neun Monate.

Große Herausforderung

Wenn Astronauten zum Mars fliegen wollen, müssen sie somit monatelang auf engstem Raum zusammenleben. Das ist eine große Herausforderung. Gleichzeitig müssten sie genug Wasser dabeihaben, um nicht zu verdursten. Die benötigte Menge ist nicht transportierbar. Forscher müssten es schaffen, das Wasser zu recyceln, sodass es wiederverwertet werden kann.

Sehr ungemütlich

Sind die Astronauten auf dem Mars, haben sie es nicht gemütlich. Die Temperatur auf dem Planeten kann zwischen plus 20 Grad Celsius und minus 150 Grad Celsius schwanken.

Die Astronauten müssten in der Atmosphäre des Roten Planeten auch genügend Sauerstoff zum Atmen haben. Allerdings gibt es dort hauptsächlich nur Kohlenstoffdioxid. Auch das ist ein Problem. Forscher arbeiten aber bereits daran, irgendwann einmal Raumfahrer zum Mars schicken zu können.

Backe leckere Weltraum-Cake-Pops

Scanne den QR-Code und erfahre, wie du leckere Kuchen am Stil backst, die wie kleine Planeten aussehen.

Ausmalbild

Platz für deine Notizen

Platz für deine Notizen

Memory-Spiel zum Ausschneiden

Klebe die Kärtchen auf eine Pappe
und schneide sie aus. Dann kannst du spielen.

Memory-Spiel zum Ausschneiden

Memory-Spiel zum Ausschneiden

Memory-Spiel zum Ausschneiden

Memory-Spiel zum Ausschneiden

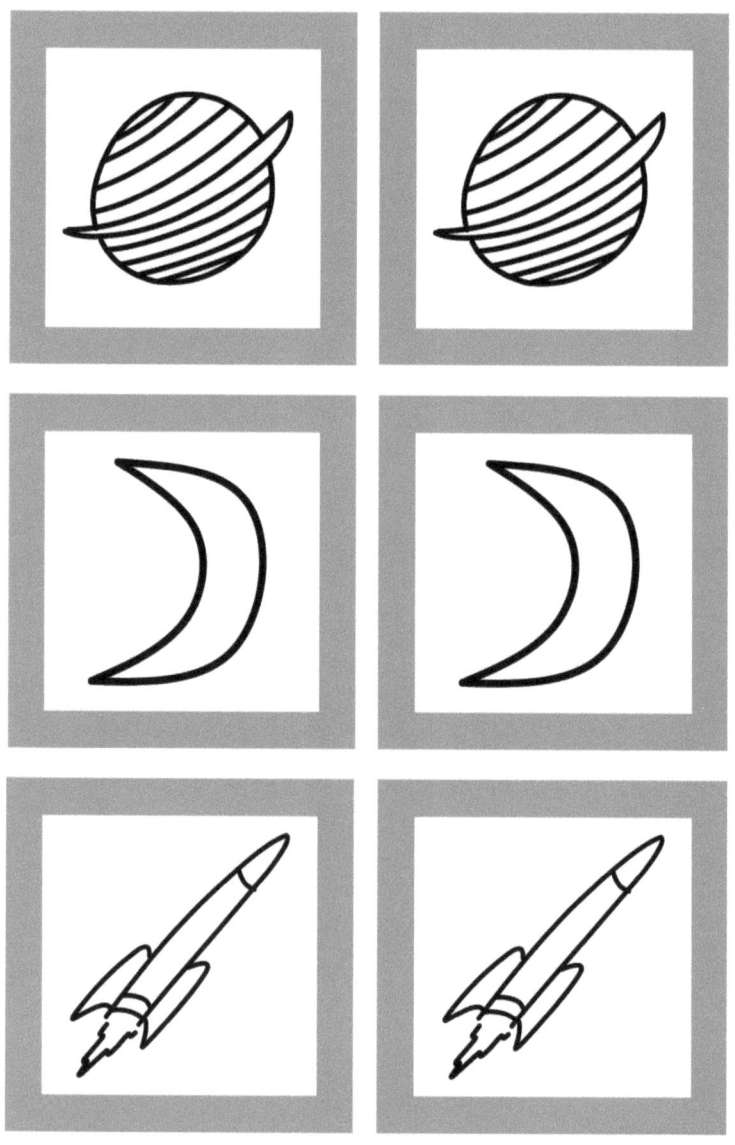

Memory-Spiel zum Ausschneiden

Memory-Spiel zum Ausschneiden

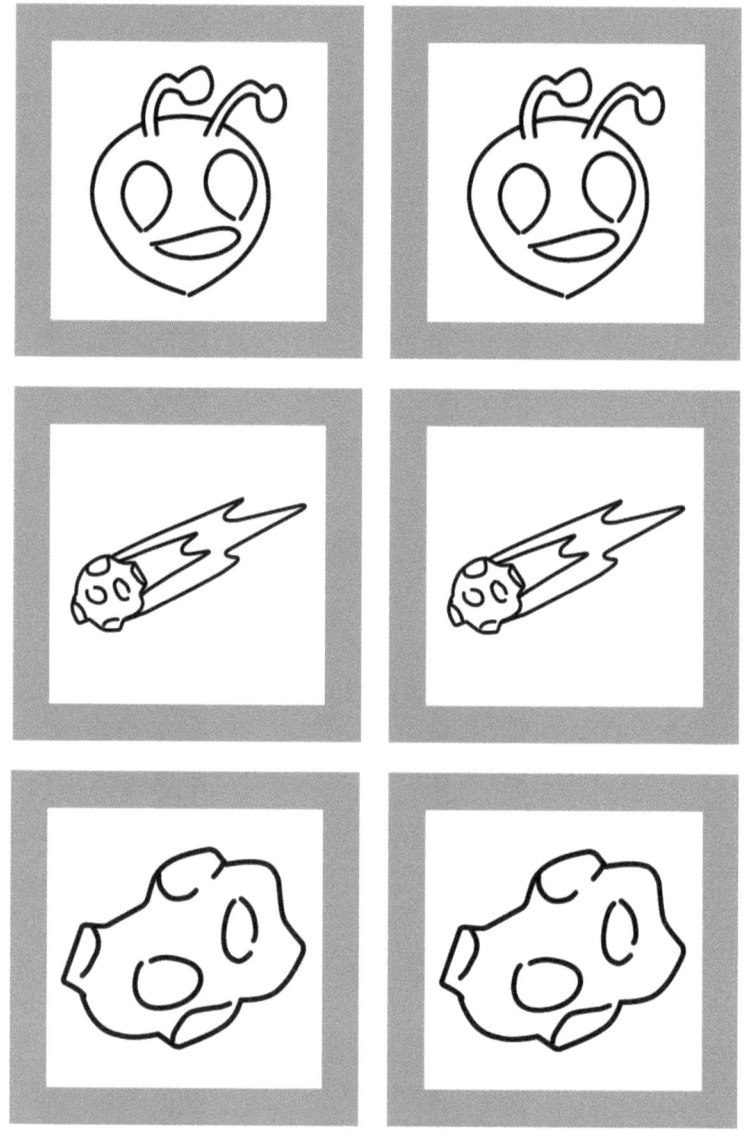

Memory-Spiel zum Ausschneiden

HAHAHA

Woraus isst ein Astronaut Müsli?

Antwort: Satellitenschüssel